Cahier d'Orientation
DataPersonae

www.datapersonae.com

© 2019, P. OUDART

Edition : BoD – Books on Demand,
12/14 rond-point des Champ-Elysées, 75008 Paris
Impression : BoD – Books on Demand, Norderstedt, Allemagne

ISBN : 9782322191604

Dépôt légal : décembre 2019

1 Comment remplir le questionnaire 7

2 Reporter les résultats 8

3 Les différents types d'analyse 8

4 Profil de personnalité : MECA 11

5 Profil d'orientation : PACHER 13

6 Profil de compétences 17
    Compétences Sociales 17
    Compétences Professionnelles 18
    Compétences de Leadership 19
    Compétences de Management 20
    Compétences Cognitives 21
    Compétences Personnelles 22

7 Annuaire Métiers 23

1 Comment remplir le questionnaire

Vous trouverez le questionnaire d'orientation en ligne sur le site : www.datapersonae.com

Lorsque l'on parle de questionnaire de personnalité, il s'agit de répondre à quelques questions pour obtenir un résultat. Nous sommes à une époque où, entre les sondages et les tests de magazines, il est difficile d'éviter cette notion de questionnaire.

Pourtant, remplir un questionnaire mérite quelques explications. En effet, de nombreux paramètres peuvent influencer les résultats mais sont rarement pris en compte. Si vous répondez à un questionnaire pour trouver votre partenaire idéal(e) ou si c'est pour un recrutement, votre état d'esprit ne sera pas le même, pas plus que si le remplissage du questionnaire vous prend quelques minutes ou plus d'une heure.

Il est de coutume de ne répondre à un questionnaire qu'une seule fois pour éviter de trouver des résultats différents. Cela fiabilise le questionnaire, c'est certain, mais pas forcément vos résultats. Typiquement, dans le cadre d'un recrutement, les réponses seront orientées vers ce que l'on pense être le plus valorisant ; à l'inverse un test fait en plaisantant entre amis aura un objectif différent.

L'idée de la **Personnalité Dynamique** est qu'un individu n'est pas figé et que sa personnalité peut varier en fonction de certains critères de contextes, d'environnements, d'émotions, de temps… Pour faire simple, il est possible d'identifier au moins trois types de personnalité : sociale, professionnelle, familiale.

En conclusion, pour remplir le questionnaire, faites plusieurs tests pour savoir si les résultats sont identiques ou différents. Puis, prenez le temps d'envisager chaque question dans des situations différentes et choisissez le résultat qui vous correspond le plus dans le contexte scolaire ou professionnel. Ce rapport visant à vous apporter une aide à l'Orientation, les réponses doivent être réfléchies pour être les plus proches de ce qui vous représente.

Le questionnaire utilise une échelle de Likert qui est très utilisée en psychologie sociale, sondages, et qui permet d'utiliser les outils statistiques. Pour chaque item, l'objectif est de situer le degré de proximité ou d'exactitude de l'item pour vous. L'échelle se présente de la façon suivante :

Totalement Faux	Faux	Plutôt Faux	Plutôt Vrai	Vrai	Totalement Vrai

Par exemple, dans le cas de l'item : « *Je me mets en colère facilement* » si cela me représente vraiment je cocherai **Totalement Vrai**. A l'inverse si cela arrive de temps en temps mais que je réussis plus souvent à garder mon calme, je cocherai **Plutôt Faux**.

2 Reporter les résultats

Le résultat du questionnaire en ligne vous donne des résultats bruts qu'il faudra reporter dans votre cahier d'orientation. Vous découvrirez trois types de résultats :

Pour le profil de personnalité MECA :
Les résultats du questionnaire vous donneront pour chaque élément du MECA (Motivation, Enthousiasme, Comportement, Attention, Perception) un score qu'il faudra reporter sur la flèche correspondante en entourant le mot correspondant.

Pour le profil d'orientation PACHER :
Les résultats du questionnaire vous donneront pour chaque élément du PACHER (Pragmatique, Analyste, Créatif, Humaniste, Exécutif, Rigoureux) un score qu'il faudra reporter sur la grille correspondante en entourant le degré d'importance (faible, modéré, fort).

Pour le profil de compétences :
Les résultats du questionnaire vous donneront pour chaque compétence un score (épreuve, effort, naturel) qu'il faudra reporter sur la grille correspondante en entourant le symbole correspondant.

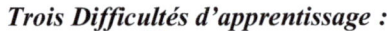
Trois Difficultés d'apprentissage :

 Epreuve   Effort   Naturel

3 Les différents types d'analyse

Pour le profil de personnalité MECA :

L'histoire de la personnalité et de la connaissance de soi a fait couler beaucoup d'encre et cela continuera. Pour une analyse plus approfondie du MECA et de la personnalité dynamique, sujet qui ne saurait être traité en quelques lignes, il est préférable de se reporter au livre qui approfondit le sujet : « *En Rupture d'Orientation. Les principes de la personnalité dynamique.* »

Cependant, le questionnaire est une clé pour aborder ce principe. Lorsque vous vivez ou que vous avez vécu des situations intenses (émotionnellement, professionnellement, socialement...) remplissez le questionnaire avec le même état d'esprit pour découvrir l'impact de la situation sur votre profil MECA.

Cet état d'esprit étant ponctuel, il a un impact fort sur la personnalité dynamique mais faible sur l'orientation donc ces résultats ne sont représentatifs que pour le MECA.

Pour le profil d'orientation PACHER :

Les résultats du questionnaire vous permettront d'identifier le ou les profils professionnels qui vous correspondent le plus. Chaque profil donne des indications sur les types d'activités qui peuvent vous intéresser.

Pour aller plus loin et affiner cette recherche, l'annuaire métier invite à associer les deux profils d'orientation du PACHER les plus marqués et étudier leurs correspondances avec la liste des métiers du fichier ROME. Le Répertoire opérationnel des métiers et des emplois (ROME) est un répertoire créé en 1989 par l'ANPE. Il sert à identifier aussi précisément que possible chaque métier, notamment utilisé par pôle emploi. Si un métier vous intéresse, il vous suffira de reporter son code (du type : F1601) ou son intitulé (Application et décoration en plâtre, stuc et staff) sur le site https://www.pole-emploi.fr/candidat/les-fiches-metiers-@/index.jspz?id=681 et d'étudier la fiche correspondante. Vous y découvrirez :
- le code et l'intitulé de la fiche ROME,
- les appellations correspondantes,
- la définition du métier,
- les conditions d'accès au métier,
- les conditions d'exercice de l'activité,
- les savoir-faire et savoirs de base (communs à l'ensemble des appellations de la fiche, ils représentent le « cœur de métier »)
- les savoir-faire et savoirs spécifiques (caractéristiques de situations de travail particulières)
- les environnements de travail
- une rubrique « Mobilité professionnelle » permettant d'identifier les métiers accessibles facilement et les métiers envisageables avec une adaptation ou une formation.

Pour identifier les combinaisons à partir du profil PACHER, sélectionnez le profil Fort, qui devient le profil **Primaire**. Ensuite, sélectionnez le profil **Secondaire** à partir des profils Modérés (il peut y avoir plusieurs combinaisons). Par exemple :

Profil	Score
Pragmatique	**Fort**
Analyste	Faible
Créatif	Modéré
Humaniste	Modéré
Exécutif	Faible
Rigoureux	Modéré

Combinaisons	
Primaire	*Secondaire*
Pragmatique	Créatif
Pragmatique	Humaniste
Pragmatique	Rigoureux

Si vous avez deux profils Fort, il faudra alors étudier les combinaisons possibles en intervertissant primaire et secondaire. Par exemple :

Profil	Score
Pragmatique	**Fort**
Analyste	Faible
Créatif	Modéré
Humaniste	Modéré
Exécutif	Faible
Rigoureux	**Fort**

Combinaisons	
Primaire	*Secondaire*
Pragmatique	Rigoureux
Rigoureux	Pragmatique

Lorsque vous avez identifié ces combinaisons, le résultat (*Pragmatique-Rigoureux* par exemple) est le point d'entrée pour parcourir l'annuaire métier et identifier des métiers qui vous correspondent.

Pour le profil de compétences :

Les compétences représentent des savoir-faire ou savoir-être qui ont été classés en différentes catégories (orientation, leadership, management…). Elles ne sont pas directement liées à un métier mais peuvent éclairer certains aspects des métiers. Il existe deux théories concernant l'utilisation des compétences.

La première vise à choisir une orientation centrée autour de nos points forts, les compétences qui sont *naturelles*. La conséquence sera une forme de spécialisation performante et moins coûteuse en énergie mais au détriment de l'adaptabilité.

La deuxième vise à choisir une orientation qui nous oblige à développer des ressources plus éloignées de nos points forts, les compétences qui sont des *épreuves*. La conséquence sera une moindre spécialisation, plus gourmande en énergie mais au profit de plus de transversalité.

L'intérêt des compétences est de pouvoir travailler et ou se former sur un point spécifique qui est nécessaire à titre personnel et ou professionnel.

Dans une période où l'épuisement professionnel est de plus en plus présent, la partie des traits personnels mérite d'être étudiée avec attention.

4 Profil de personnalité : MECA

Le modèle MECA est une synthèse du modèle des Big Five qui est issu du plus gros panel d'études scientifiques et des méta-programmes de la PNL (Programmation Neuro Linguistique). La cohérence de cette synthèse avec les principes des cinq éléments de la Médecine Traditionnelle Chinoise permet de rattacher l'impact des émotions sur la personnalité. Cette nouvelle grille de lecture est à l'origine des principes de la Personnalité Dynamique.

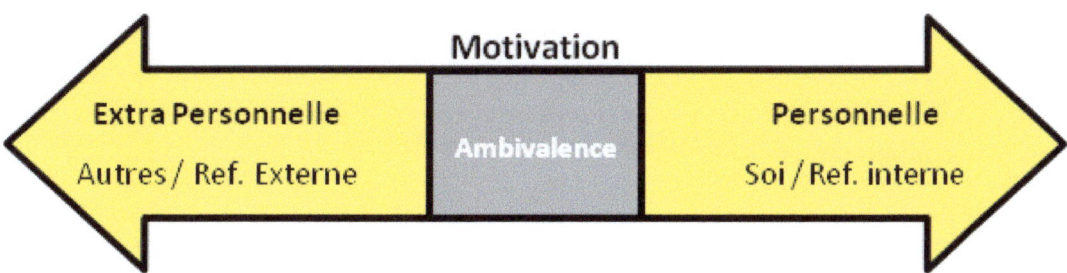

La motivation est un axe qui reflète ce qui nous pousse à agir. Il va de ce qui est personnel (mon intérêt) à ce qui est extra personnel (pour les autres, la société, un élément ou un groupe qui nous dépasse)

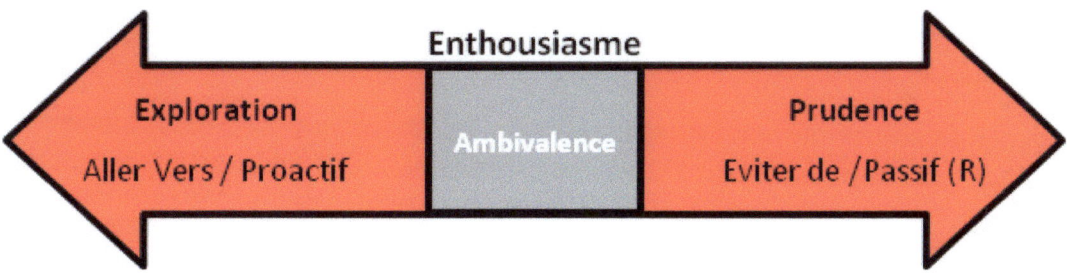

L'enthousiasme correspond au niveau d'énergie, d'excitation que l'on va investir dans une activité. Elle est faible du côté de la prudence et forte pour l'exploration.

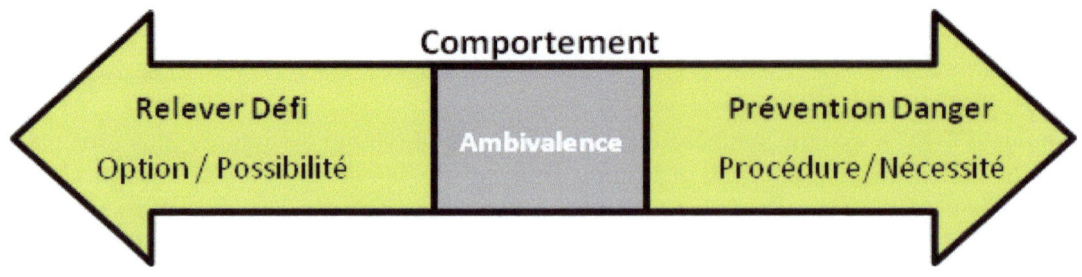

Les comportements sont dictés par une recherche de sécurité du côté de la prévention du danger ou de confrontation aux limites pour relever des défis.

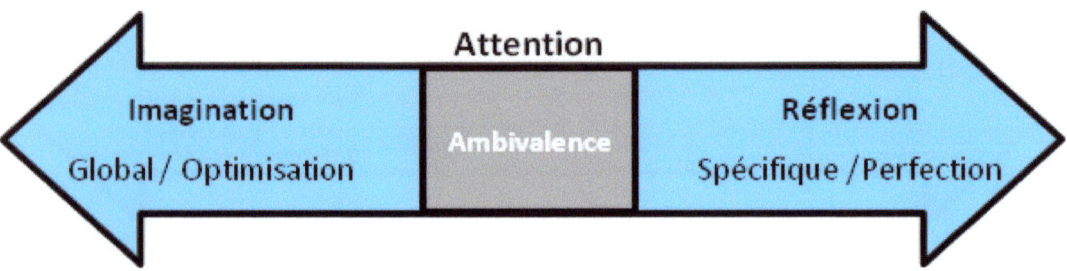

L'attention indique où se dirige notre pensée : vers l'imagination, la rêverie d'un côté à la réflexion de l'autre.

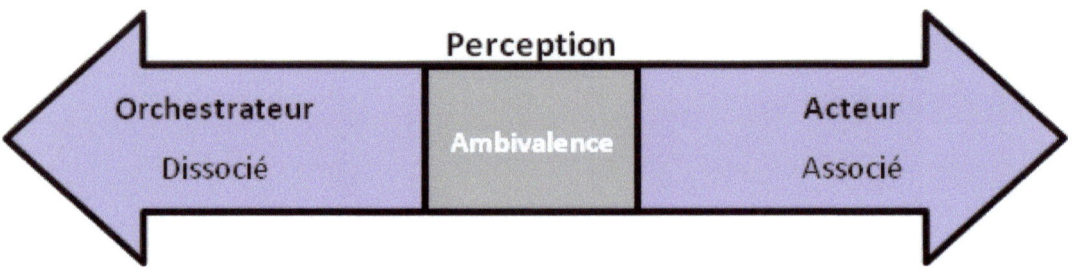

La perception ou plutôt la position de perception est liée à la façon dont l'expérience est vécue. D'un côté l'acteur est dans l'action, là où l'orchestrateur est observateur de l'action, mais, contrairement à un spectateur, il peut influencer l'action.

5 Profil d'orientation : PACHER

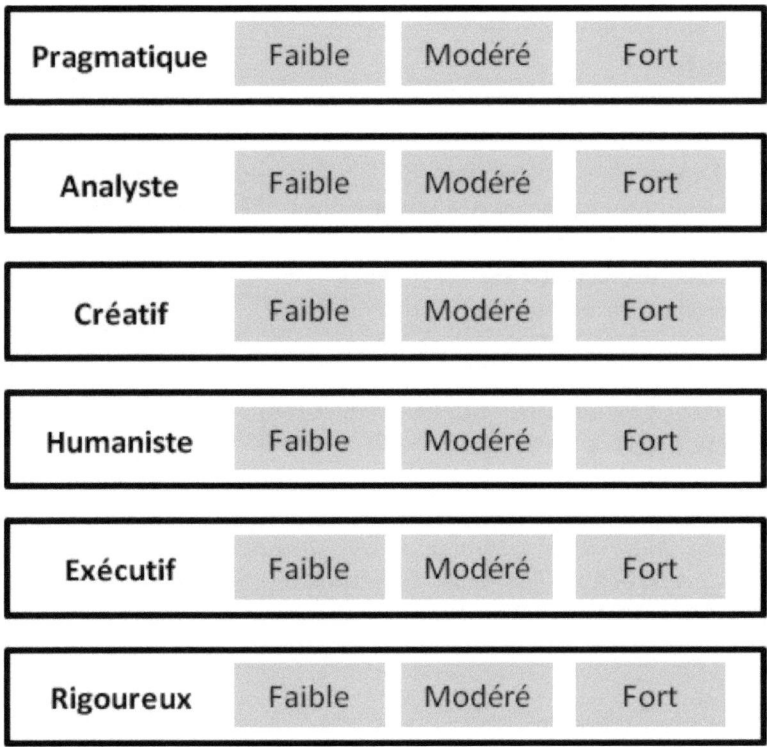

Type P : Pragmatique

Les personnes de ce type exercent surtout des tâches concrètes. Habiles de leurs mains, elles savent coordonner leurs gestes. Elles se servent d'outils, font fonctionner des appareils, des machines, des véhicules. Les Pragmatiques ont le sens de la mécanique, le souci de la précision. Ils exercent fréquemment leur profession à l'extérieur plutôt qu'à l'intérieur. Leur travail demande souvent une bonne endurance physique et même des capacités athlétiques. Ces personnes sont patientes, minutieuses, constantes, sensées, naturelles, franches, pratiques, concrètes, simples.

Intérêts : *travailler avec des machines, travailler en extérieur, travailler de ses mains, construire des choses*
Compétences : *répare des objets, jardine, utilise des machines, sait lire des notices*
Personnalité : *mécanicien, proche de la nature, pratique, résout des problèmes*

Types d'activités préférées : *construction, activité militaire, fabrication, mécanique, commerce spécialisé, transport, agriculture, exploitation forestière, application de la loi, ingénierie.*

Type A : Analyste

La plupart des personnes de ce type ont des connaissances théoriques auxquelles elles ont recours pour agir. Elles disposent de renseignements spécialisés dont elles se servent pour résoudre des problèmes. Ce sont des personnes qui observent. Leur principale compétence tient à la compréhension qu'elles ont des phénomènes. Elles aiment bien se laisser absorber dans leurs réflexions. Elles aiment jouer avec les idées. Elles valorisent le savoir. Ces personnes sont critiques, curieuses, soucieuses de se renseigner, calmes, réservées, persévérantes, tolérantes, prudentes dans leurs jugements, logiques, objectives, rigoureuses, intellectuelles.

Intérêts *: étudier des idées, analyser des données, utiliser l'informatique, lire de la science fiction*
Compétences *: fait des expériences, résout des problèmes mathématiques, fait de la programmation basique, interprète des formules*
Personnalité *: précis, inquisiteur, pensée abstraite, indépendant*
Types d'activités préférées : *chercheur scientifique, physicien, astronome, sociologue, biologiste, généticien, médecin, pharmacien...*

Type C : Créatif

Les personnes de ce type aiment les activités qui leur permettent de s'exprimer librement à partir de leurs perceptions, de leur sensibilité et de leur intuition. Elles s'intéressent au travail de création, qu'il s'agisse d'art visuel, de littérature, de musique, de publicité ou de spectacle. D'esprit indépendant et non conformiste, elles sont à l'aise dans des situations qui sortent de l'ordinaire. Elles sont dotées d'une grande sensibilité et de beaucoup d'imagination. Bien qu'elles soient rebutées par les tâches méthodiques et routinières, elles sont néanmoins capables de travailler avec discipline. Ces personnes sont spontanées, expressives, imaginatives, émotives, indépendantes, originales, intuitives, passionnées, fières, flexibles, disciplinées.

Intérêts *: lire des romans ou des pièces de théâtre, travailler sur de la création, aimer prendre des photos, écouter de la musique*
Compétences *: écrit des histoires, conçoit de nouvelles choses, joue et ou compose de la musique, dessine, met en scène*
Personnalité *: créatif, intuitif, novateur, imaginatif*
Types d'activités préférées : *art, rédaction, publicité, musique, photographie, émissions de radio, relations publiques, langues, art dramatique.*

Type H : Humaniste

Les personnes de ce type aiment être en contact avec les autres dans le but de les aider, de les informer, de les éduquer, de les divertir, de les soigner ou encore de favoriser leur croissance. Elles s'intéressent aux comportements humains et sont soucieuses de la qualité de leurs relations avec les autres. Elles utilisent leur savoir ainsi que leurs impressions et leurs émotions pour agir et pour interagir avec les autres. Elles aiment communiquer et s'expriment facilement. Ces personnes sont attentives aux autres, coopératives, collaboratrices, compréhensives, dévouées, sensibles, sympathiques, perspicaces, bienveillantes, communicatives, encourageantes.

Intérêts : *aider les gens, faire du bénévolat, pratiquer un sport d'équipe, travailler en groupe*
Compétences : *enseigne / entraine les autres, organise des activités, accueille des évènements, dirige des meetings*
Personnalité : *amical, prêt à aider, instinctif, sociable*
Types d'activités préférées : *éducateur, travailleur social, orthophoniste, psychanalyste, conseiller d'orientation, instituteur, animateur de club de vacances...*

Type E : Exécutif

Les personnes de ce type aiment influencer leur entourage. Leur capacité de décision, le sens de l'organisation et une habileté particulière à communiquer leur enthousiasme les appuient dans leurs objectifs. Elles savent vendre des idées autant que des biens matériels. Elles ont le sens de l'organisation, de la planification et de l'initiative et savent mener à bien leurs projets. Elles savent faire preuve d'audace et d'efficacité. Ces personnes sont persuasives, énergiques, optimistes, audacieuses, sûres d'elles-mêmes, ambitieuses, déterminées, diplomates, débrouillardes, sociables.

Intérêts : *voir des gens, prendre des décisions, négocier des contrats, avoir une activité politique*
Compétences : *lance des projets, vend ou fait de la promotion, fait des discours, convainc les autres*
Personnalité : *assertif, persuasif, enthousiaste, persévérant*
Types d'activités préférées : *vente, marketing, distribution, immobilier, gestion, finance, achat, service public, politique, administration.*

Type R : Rigoureux

Les personnes de ce type ont une préférence pour les activités précises, méthodiques, axées sur un résultat prévisible. Elles se préoccupent de l'ordre et de la bonne organisation matérielle de leur environnement. Elles préfèrent se conformer à des conventions bien établies et à des consignes claires plutôt que d'agir dans l'improvisation. Elles aiment calculer, classer, tenir à jour des registres ou des dossiers. Elles sont efficaces dans tout travail qui exige de l'exactitude et à l'aise dans les tâches routinières. Ces personnes sont loyales, organisées, efficaces, respectueuses de l'autorité, perfectionnistes, raisonnables, consciencieuses, ponctuelles, discrètes, strictes.

Intérêts : *travailler avec les chiffres, être attentif aux détails, utiliser l'informatique, suivre les ordres*
Compétences : *tient des comptes détaillés, aime les statistiques, utilise des ordinateurs, rédige des contrats*
Personnalité : *organisé, mathématique, efficace, consciencieux*
Types d'activités préférées : *comptabilité, tenue des livres, banque, service des impôts, contentieux, activités administratives, entretien et nettoyage, restauration, secrétariat, tenue des comptes.*

6 Profil de compétences

Les critères de personnalité permettent de faire émerger des dispositions pour développer certaines compétences (savoir-faire ou savoir-être). L'idée n'est pas de dire que telle compétence n'est pas pour moi mais bien que si je « veux » développer cette compétence, cela peut me demander plus ou moins d'efforts.

Les compétences ne sont pas directement liées à des métiers qui regroupent plusieurs compétences mais à des clés qui doivent permettre d'affiner la recherche d'orientation.

Il y a une surreprésentation de compétences liées au monde de l'entreprise qui est à l'origine du financement des études utilisées. Au fil du temps et des études, nous rajouterons de nouvelles compétences pour en élargir la portée.

Compétences Sociales

Accompagnement du personnel	• Partage son expérience • Aide les autres à planifier leur carrière • Est sollicité pour du coaching, de la formation ou de l'orientation	🔴 🟠 🟢
Diplomatie	• Habileté relationnelle • Sait créer et entretenir de bonnes relations • Facile à vivre	🔴 🟠 🟢
Ecoute	• Reste silencieux quand quelqu'un s'exprime • Garde son avis et ses besoins de côté lors des discussions • Cherche à comprendre l'autre avant d'exprimer son opinion	🔴 🟠 🟢
Encouragement	• Tire le meilleur de chacun • Félicite les autres quand cela est mérité • S'inquiète naturellement du bien-être des autres	🔴 🟠 🟢
Médiateur	• Gestion de conflit • Négocie des solutions gagnant-gagnant • Ecarte son égo de la discussion • Fait émerger les problèmes sous-jacents	🔴 🟠 🟢
Respect des règles	• Se conforme à la norme • Suit les procédures • Suit les consignes	🔴 🟠 🟢
Travail d'équipe	• Met de côté ses besoins personnels pour la réussite de l'équipe • Suit ou dirige l'équipe en fonction de la situation • Apprécie de faire partie du groupe • Cherche à créer un esprit d'équipe	🔴 🟠 🟢

Compétences Professionnelles

Administrative	• Apprécie les tâches répétitives et les procédures • Evite les erreurs et sait les repérer • Réalise des registres, fichiers, rapports précis et datés	🔴 🟡 🟢
Commerciale	• Aime convaincre les autres • N'accepte pas non comme une réponse • Sociable • Cherche à répondre au besoin des clients	🔴 🟡 🟢
D'Animation	• A l'aise en public • Aime prendre la parole en public et répondre aux questions • Est fier de faire une bonne présentation avec les bons vecteurs	🔴 🟡 🟢
De Blogger	• Prend le temps et fait l'effort de mettre ses idées par écrit • Se met à la place du lecteur pour être concis et ou descriptif • Régulier dans son planning de publication	🔴 🟡 🟢
De Direction	• Prend en charge le lancement de projet • Est à l'aise dans le rôle de dirigeant, coordinateur • Est capable de prendre et d'assumer des décisions difficiles	🔴 🟡 🟢
D'Entreprenariat	• En recherche permanente de nouveaux produits, marchés, services… • A de bonnes performances sous pression • A l'ambition de réussir dans le business	🔴 🟡 🟢
D'Indépendant	• Demande peu de supervision • Est capable de s'organiser seul • A l'aise en travaillant seul	🔴 🟡 🟢
Pour le Service Client	• Tient à offrir un service de qualité • Répond aux besoins et attentes des clients • Connait ses clients et ses produits	🔴 🟡 🟢
Pour le Service Qualité	• Attentif à la mise à niveau du personnel, du matériel, des normes • Surveille la conformité de la production ou du service • Maniaque de la maintenance • Suit le règlement en général	🔴 🟡 🟢
Pour le Service Technique	• Veut maitriser les détails avant de passer à l'étape suivante • Est expert dans son domaine (emploi, produit, technologie…) • Se tient informé (fait de la veille technologique)	🔴 🟡 🟢

Compétences de Leadership

Compétiteur	• Sait prendre des risques • N'abandonne pas • A besoin de gagner • Est stimulé par la compétition	🚶🚶🚶
Décideur	• Est reconnu pour la qualité de ses choix • Ne tranche pas quand ce n'est pas le moment • Se tient à ses décisions	🚶🚶🚶
Gestion ambiguïté	• Agit sans avoir besoin de tous les tenants et les aboutissants • Aime conserver des options • A l'aise aussi bien avec la théorie qu'avec l'inconnu	🚶🚶🚶
Gestion système complexe	• Comprend les relations entre procédure et système complexe • Surveillance naturelle et méthodique des outils de rapports • A confiance dans le système mais l'adapte si nécessaire	🚶🚶🚶
Goût du risque	• Sans peur face à l'inconnu • Curieux • Recherche ce qui sort de l'ordinaire	🚶🚶🚶
Orientation action	• Ne supporte pas l'inactivité • Prise de décision rapide • Motivé et ambitieux	🚶🚶🚶
Orientation performance	• Evite la procrastination • Vise le résultat • Gestion efficace du temps et des priorités • Tient les délais et les objectifs	🚶🚶🚶
Sens du commerce	• Maximise les profits • A l'aise avec la réduction des dépenses • A l'aise avec la récupération des impayés • Utilise les ressources stratégiquement	🚶🚶🚶
Sens de la politique	• A l'aise dans tous les milieux • Perçoit les besoins et les problèmes de son environnement • Peut être autoritaire ou bienveillant quand cela est nécessaire	🚶🚶🚶
Visionnaire	• A une pensée plus stratégique que tactique • Evalue l'impact des options • Imagine de futurs produits, services, tendances…	🚶🚶🚶

Compétences de Management

Déléguer	• Sait diriger et contrôler le travail des autres • Transmet toutes les informations nécessaires pour une tâche • Prend le temps de répondre aux questions • Recadre quand la situation l'impose	🔴 🟠 🟢
Encadrer	• Se trompe rarement sur les autres • Ecarte les jeux d'influence et son avis personnel dans ses décisions • Ses décisions visent à améliorer la performance générale	🔴 🟠 🟢
Être fiable	• Sait garder un secret • Fait preuve de self contrôle • A la réputation d'être fiable	🔴 🟠 🟢
Être objectif	• Impartial dans son évaluation • Ecarte tout avis personnel dans son jugement • A l'habitude de dire la vérité	🔴 🟠 🟢
Être responsable	• Endosse la responsabilité quand cela est nécessaire • Gère les problèmes • Se fait son propre jugement	🔴 🟠 🟢
Gérer des réunions	• Anime les débats efficacement • Favorise la diversité de points de vue • Tient la montre • Organise l'agenda et les comptes rendus	🔴 🟠 🟢
Informer	• Transmet les informations à ses collaborateurs • Evite la rétention d'information • Pense qu'un bon système d'information permet d'éviter les surprises	🔴 🟠 🟢
Organiser	• Range son bureau • Classe les dossiers en fin de journée • A rassemblé toutes les informations et documents nécessaires avant de démarrer une tâche	🔴 🟠 🟢
Planifier	• Prévoit les étapes pour atteindre un objectif • Anticipe les futurs besoins • Cherche à structurer le temps pour minimiser les aléas	🔴 🟠 🟢
Tenir des objectifs	• L'attention se porte sur les priorités • La persévérance permet d'atteindre les objectifs • Ne laisse pas les détails empêcher le travail • Ne se disperse pas	🔴 🟠 🟢

Compétences Cognitives

Confiance en soi	• A la sensation que tout est sous contrôle • Accepte des challenges raisonnables • Avec préparation le succès est assuré	🔴 🟡 🟢
Créativité	• Rajoute une touche personnelle à ses actions • Plein de ressources • Inventif • Imagine de nouveaux marchés, stratégies…	🔴 🟡 🟢
Flexibilité	• Courbe les règles quand la situation l'impose • Peut jouer plusieurs rôles dans une organisation • Change de priorité selon le besoin	🔴 🟡 🟢
Humour	• Sait se tourner en dérision • Joyeux, spontané et joueur • Tient compte de son entourage quand il fait preuve d'humour	🔴 🟡 🟢
Innovation	• Apprécie les améliorations du quotidien • Cherche de nouveaux process plus efficaces • Cherche à s'améliorer	🔴 🟡 🟢
Optimisme	• Considère l'échec comme temporaire • Porte son attention vers des succès futurs • Accepte les félicitations	🔴 🟡 🟢
Pensée analytique	• Besoin de comprendre avant de pouvoir avancer • Aime résoudre des problèmes • Passionné de stratégie	🔴 🟡 🟢
Précision numérique	• Se focalise facilement sur une tâche • Aime chercher des modèles statistiques • A la mémoire des chiffres	🔴 🟡 🟢

Compétences Personnelles

Ambition	• Fait carrière • Allie vision, utilité et stratégie • En recherche de pouvoir et d'influence • Cherche à avoir un impact sur son environnement	🔴 🟠 🟢
Champ d'activité	• Ne se limite pas à un seul domaine de connaissance • Exerce une activité en dehors de son travail • Participe à des associations professionnelles ou caritatives	🔴 🟠 🟢
Contrôle de soi	• Ne cède pas à la tentation • Refreine la spontanéité et l'impulsivité • Suit des routines	🔴 🟠 🟢
Développement personnel	• Utilise tous les moyens pour s'améliorer • Cherche continuellement à apprendre • Aime se confronter pour évaluer ses forces et faiblesses	🔴 🟠 🟢
Equilibre de vie	• A une vie en dehors du travail • Limite les heures supplémentaires • Est professionnel	🔴 🟠 🟢
Multiculturel	• S'adapte naturellement aux différentes cultures • Aime échanger avec des personnes d'horizons différents (ethnie, valeurs, pays…) • A la réputation d'être juste • Travaille facilement avec des personnes de toutes origines	🔴 🟠 🟢
Prévention du risque	• Etre en bonne santé • Evite l'impulsivité et les coups de tête • Prend des précautions dans l'utilisation des machines • Attache de l'importance à l'ergonomie	🔴 🟠 🟢

7 Annuaire Métiers

Pour identifier les combinaisons à partir du profil PACHER, sélectionnez le profil Fort, qui devient le profil **Primaire**. Ensuite, sélectionnez le profil **Secondaire** à partir des profils Modérés (il peut y avoir plusieurs combinaisons).

Combinaisons	
Primaire	*Secondaire*

Les résultats de l'annuaire renvoient aux fiches métiers du ROME et sont présentés sous le format suivant :

Pragmatique Analyste	Code ROME	Intitulé Métier
P – A	H2602	Câblage électrique et électromécanique

Type P : Pragmatique

Pragmatique Analyste
P - A   H2602 - Câblage électrique et électromécanique
P - A   K2603 - Thanatopraxie
P - A   A1504 - Santé animale
P - A   A1101 - Conduite d'engins agricoles et forestiers
P - A   H1303 - Intervention technique en Hygiène Sécurité Environnement -HSE- industriel
P - A   J1411 - Prothèses et orthèses
P - A   A1502 - Podologie animale
P - A   H1209 - Intervention technique en études et développement électronique
P - A   A1501 - Aide aux soins animaux
P - A   J1410 - Prothèses dentaires
P - A   F1105 - Études géologiques
P - A   B1604 - Réparation - montage en systèmes horlogers

Pragmatique Créatif

P - C   F1601 - Application et décoration en plâtre, stuc et staff

P - C   B1701 - Conservation et reconstitution d'espèces animales
P - C   B1801 - Réalisation d'articles de chapellerie
P - C   B1806 - Tapisserie - décoration en ameublement
P - C   F1102 - Conception - aménagement d'espaces intérieurs
P - C   H2401 - Assemblage - montage d'articles en cuirs, peaux
P - C   D1202 - Coiffure
P - C   F1612 - Taille et décoration de pierres
P - C   F1610 - Pose et restauration de couvertures
P - C   F1606 - Peinture en bâtiment
P - C   H1205 - Études - modèles en industrie des matériaux souples
P - C   H2408 - Conduite de machine d'impression textile
P - C   H2208 - Réalisation d'ouvrages décoratifs en bois
P - C   H2207 - Réalisation de meubles en bois
P - C   B1802 - Réalisation d'articles en cuir et matériaux souples (hors vêtement)
P - C   H2402 - Assemblage - montage de vêtements et produits textiles
P - C   B1803 - Réalisation de vêtements sur mesure ou en petite série
P - C   H2206 - Réalisation de menuiserie bois et tonnellerie

Pragmatique Humaniste

P - H   F1608 - Pose de revêtements rigides
P - H   K1304 - Services domestiques
P - H   D1203 - Hydrothérapie
P - H   G1702 - Personnel du hall
P - H   G1804 - Sommellerie
P - H   F1604 - Montage d'agencements
P - H   D1208 - Soins esthétiques et corporels
P - H   G1803 - Service en restauration
P - H   K1705 - Sécurité civile et secours

Pragmatique Exécutif

P - E   H2503 - Pilotage d'unité élémentaire de production mécanique ou de travail des métaux
P - E   D1101 - Boucherie
P - E   K1702 - Direction de la sécurité civile et des secours
P - E   N3101 - Encadrement de la navigation maritime
P - E   H2501 - Encadrement de production de matériel électrique et électronique
P - E   N3102 - Equipage de la navigation maritime
P - E   H2505 - Encadrement d'équipe ou d'atelier en matériaux souples
P - E   K2304 - Revalorisation de produits industriels
P - E   H2504 - Encadrement d'équipe en industrie de transformation
P - E   D1102 - Boulangerie - viennoiserie

P - E	D1103	- Charcuterie - traiteur
P - E	D1104	- Pâtisserie, confiserie, chocolaterie et glacerie
P - E	F1101	- Architecture du BTP et du paysage
P - E	F1611	- Réalisation et restauration de façades
P - E	F1703	- Maçonnerie
P - E	F1702	- Construction de routes et voies
P - E	I1103	- Supervision d'entretien et gestion de véhicules
P - E	I1102	- Management et ingénierie de maintenance industrielle
P - E	I1101	- Direction et ingénierie en entretien infrastructure et bâti
P - E	F1701	- Construction en béton
P - E	F1402	- Extraction solide
P - E	F1501	- Montage de structures et de charpentes bois
P - E	F1502	- Montage de structures métalliques
P - E	F1602	- Électricité bâtiment
P - E	F1603	- Installation d'équipements sanitaires et thermiques
P - E	H2502	- Management et ingénierie de production
P - E	D1105	- Poissonnerie

Pragmatique Rigoureux

P - R	H2908	- Modelage de matériaux non métalliques
P - R	H2907	- Conduite d'installation de production des métaux
P - R	H2909	- Montage-assemblage mécanique
P - R	H2906	- Conduite d'installation automatisée ou robotisée de fabrication mécanique
P - R	H2910	- Moulage sable
P - R	H2911	- Réalisation de structures métalliques
P - R	H3303	- Préparation de matières et produits industriels (broyage, mélange, ...)
P - R	H2912	- Réglage d'équipement de production industrielle
P - R	H2913	- Soudage manuel
P - R	H3302	- Opérations manuelles d'assemblage, tri ou emballage
P - R	H3301	- Conduite d'équipement de conditionnement
P - R	H3203	- Fabrication de pièces en matériaux composites
P - R	H3202	- Réglage d'équipement de formage des plastiques et caoutchoucs
P - R	H3201	- Conduite d'équipement de formage des plastiques et caoutchoucs
P - R	H2804	- Pilotage de centrale à béton prêt à l'emploi, ciment, enrobés et granulats
P - R	H3102	- Conduite d'installation de pâte à papier
P - R	H3101	- Conduite d'équipement de fabrication de papier ou de carton
P - R	G1603	- Personnel polyvalent en restauration
P - R	H2914	- Réalisation et montage en tuyauterie
P - R	H2905	- Conduite d'équipement de formage et découpage des matériaux
P - R	H2904	- Conduite d'équipement de déformation des métaux
P - R	H2903	- Conduite d'équipement d'usinage

P - R   H2603 - Conduite d'installation automatisée de production électrique, électronique et microélectronique
P - R   H2407 - Conduite de machine de transformation et de finition des cuirs et peaux
P - R   H2601 - Bobinage électrique
P - R   H2414 - Préparation et finition d'articles en cuir et matériaux souples
P - R   H2413 - Préparation de fils, montage de métiers textiles
P - R   H2412 - Patronnage - gradation
P - R   H2411 - Montage de prototype cuir et matériaux souples
P - R   H2404 - Conduite de machine de production et transformation des fils
P - R   H2410 - Mise en forme, repassage et finitions en industrie textile
P - R   H2604 - Montage de produits électriques et électroniques
P - R   H2605 - Montage et câblage électronique
P - R   H2701 - Pilotage d'installation énergétique et pétrochimique
P - R   H2902 - Chaudronnerie - tôlerie
P - R   H2901 - Ajustement et montage de fabrication
P - R   H2805 - Pilotage d'installation de production verrière
P - R   H2403 - Conduite de machine de fabrication de produits textiles
P - R   H2803 - Façonnage et émaillage en industrie céramique
P - R   H2802 - Conduite d'installation de production de matériaux de construction
P - R   H2405 - Conduite de machine de textiles non tissés
P - R   H2406 - Conduite de machine de traitement textile
P - R   H2801 - Conduite d'équipement de transformation du verre
P - R   H2409 - Coupe cuir, textile et matériaux souples
P - R   H3401 - Conduite de traitement d'abrasion de surface
P - R   N4402 - Exploitation et manœuvre des remontées mécaniques
P - R   K2501 - Gardiennage de locaux
P - R   K2306 - Supervision d'exploitation éco-industrielle
P - R   K2305 - Salubrité et traitement de nuisibles
P - R   K2303 - Nettoyage des espaces urbains
P - R   K2301 - Distribution et assainissement d'eau
P - R   K2204 - Nettoyage de locaux
P - R   K2202 - Lavage de vitres
P - R   K2201 - Blanchisserie industrielle
P - R   N4403 - Manoeuvre du réseau ferré
P - R   N1102 - Déménagement
P - R   K1704 - Management de la sécurité publique
P - R   K2601 - Conduite d'opérations funéraires
P - R   N1101 - Conduite d'engins de déplacement des charges
P - R   N1103 - Magasinage et préparation de commandes
P - R   N4301 - Conduite sur rails
P - R   N4105 - Conduite et livraison par tournées sur courte distance
P - R   N4104 - Courses et livraisons express
P - R   N4103 - Conduite de transport en commun sur route

P - R	N4102 - Conduite de transport de particuliers
P - R	N4101 - Conduite de transport de marchandises sur longue distance
P - R	N3203 - Manutention portuaire
P - R	N3103 - Navigation fluviale
P - R	N2203 - Exploitation des pistes aéroportuaires
P - R	N1105 - Manutention manuelle de charges
P - R	N1104 - Manœuvre et conduite d'engins lourds de manutention
P - R	K1701 - Personnel de la Défense
P - R	J1301 - Personnel polyvalent des services hospitaliers
P - R	I1607 - Réparation de cycles, motocycles et motoculteurs de loisirs
P - R	I1307 - Installation et maintenance télécoms et courants faibles
P - R	I1306 - Installation et maintenance en froid, conditionnement d'air
P - R	I1305 - Installation et maintenance électronique
P - R	I1304 - Installation et maintenance d'équipements industriels et d'exploitation
P - R	I1303 - Installation et maintenance de distributeurs automatiques
P - R	I1302 - Installation et maintenance d'automatismes
P - R	I1301 - Installation et maintenance d'ascenseurs
P - R	I1203 - Maintenance des bâtiments et des locaux
P - R	I1201 - Entretien d'affichage et mobilier urbain
P - R	H3404 - Peinture industrielle
P - R	H3403 - Conduite de traitement thermique
P - R	I1308 - Maintenance d'installation de chauffage
P - R	I1309 - Maintenance électrique
P - R	I1310 - Maintenance mécanique industrielle
P - R	I1606 - Réparation de carrosserie
P - R	I1605 - Mécanique de marine
P - R	I1604 - Mécanique automobile et entretien de véhicules
P - R	I1603 - Maintenance d'engins de chantier, levage, manutention et de machines agricoles
P - R	I1602 - Maintenance d'aéronefs
P - R	I1601 - Installation et maintenance en nautisme
P - R	I1503 - Intervention en milieux et produits nocifs
P - R	I1502 - Intervention en milieu subaquatique
P - R	I1501 - Intervention en grande hauteur
P - R	I1402 - Réparation de biens électrodomestiques et multimédia
P - R	I1401 - Maintenance informatique et bureautique
P - R	H3402 - Conduite de traitement par dépôt de surface
P - R	H2301 - Conduite d'équipement de production chimique ou pharmaceutique
P - R	F1605 - Montage de réseaux électriques et télécoms
P - R	E1304 - Façonnage et routage
P - R	E1303 - Encadrement des industries graphiques
P - R	E1302 - Conduite de machines de façonnage routage
P - R	E1301 - Conduite de machines d'impression

P - R   E1204 - Projection cinéma
P - R   E1203 - Production en laboratoire photographique
P - R   E1202 - Production en laboratoire cinématographique
P - R   D1209 - Vente de végétaux
P - R   D1207 - Retouches en habillement
P - R   E1306 - Prépresse
P - R   E1307 - Reprographie
P - R   F1503 - Réalisation - installation d'ossatures bois
P - R   F1401 - Extraction liquide et gazeuse
P - R   F1302 - Conduite d'engins de terrassement et de carrière
P - R   F1301 - Conduite de grue
P - R   F1107 - Mesures topographiques
P - R   A1410 - Élevage ovin ou caprin
P - R   F1104 - Dessin BTP et paysage
P - R   F1103 - Contrôle et diagnostic technique du bâtiment
P - R   E1308 - Intervention technique en industrie graphique
P - R   D1206 - Réparation d'articles en cuir et matériaux souples
P - R   D1205 - Nettoyage d'articles textiles ou cuirs
P - R   A1407 - Élevage bovin ou équin
P - R   A1405 - Arboriculture et viticulture
P - R   A1404 - Aquaculture
P - R   A1403 - Aide d'élevage agricole et aquacole
P - R   A1402 - Aide agricole de production légumière ou végétale
P - R   A1401 - Aide agricole de production fruitière ou viticole
P - R   A1205 - Sylviculture
P - R   A1203 - Aménagement et entretien des espaces verts
P - R   A1202 - Entretien des espaces naturels
P - R   A1408 - Élevage d'animaux sauvages ou de compagnie
P - R   A1409 - Élevage de lapins et volailles
P - R   F1106 - Ingénierie et études du BTP
P - R   A1503 - Toilettage des animaux
P - R   A1417 - Saliculture
P - R   A1416 - Polyculture, élevage
P - R   A1415 - Equipage de la pêche
P - R   A1414 - Horticulture et maraîchage
P - R   A1413 - Fermentation de boissons alcoolisées
P - R   A1412 - Fabrication et affinage de fromages
P - R   A1411 - Élevage porcin
P - R   A1201 - Bûcheronnage et élagage
P - R   F1607 - Pose de fermetures menuisées
P - R   H1404 - Intervention technique en méthodes et industrialisation
P - R   G1502 - Personnel polyvalent d'hôtellerie
P - R   F1705 - Pose de canalisations

P - R F1706 - Préfabrication en béton industriel
P - R G1205 - Personnel d'attractions ou de structures de loisirs
P - R G1501 - Personnel d'étage
P - R G1602 - Personnel de cuisine
P - R G1604 - Fabrication de crêpes ou pizzas
P - R G1605 - Plonge en restauration
P - R G1801 - Café, bar brasserie
P - R H1208 - Intervention technique en études et conception en automatisme
P - R H1202 - Conception et dessin de produits électriques et électroniques
P - R H1203 - Conception et dessin produits mécaniques
P - R H1210 - Intervention technique en études, recherche et développement
P - R H1402 - Management et ingénierie méthodes et industrialisation
P - R H1403 - Intervention technique en gestion industrielle et logistique
P - R H2209 - Intervention technique en ameublement et bois
P - R H2205 - Première transformation de bois d'œuvre
P - R H2204 - Encadrement des industries de l'ameublement et du bois
P - R H2203 - Conduite d'installation de production de panneaux bois
P - R H2202 - Conduite d'équipement de fabrication de l'ameublement et du bois
P - R H2201 - Assemblage d'ouvrages en bois
P - R H2102 - Conduite d'équipement de production alimentaire
P - R F1609 - Pose de revêtements souples
P - R F1704 - Préparation du gros œuvre et des travaux publics
P - R F1613 - Travaux d'étanchéité et d'isolation
P - R H2101 - Abattage et découpe des viandes

Type A : Analyste

Analyste Pragmatique

A - P J1307 - Préparation en pharmacie
A - P N2101 - Navigation commerciale aérienne
A - P H1502 - Management et ingénierie qualité industrielle
A - P H1503 - Intervention technique en laboratoire d'analyse industrielle
A - P H1504 - Intervention technique en contrôle essai qualité en électricité et électronique
A - P M1807 - Exploitation de systèmes de communication et de commandement
A - P H1505 - Intervention technique en formulation et analyse sensorielle
A - P M1805 - Études et développement informatique
A - P M1804 - Études et développement de réseaux de télécoms
A - P H1506 - Intervention technique qualité en mécanique et travail des métaux
A - P J1302 - Analyses médicales
A - P N2102 - Pilotage et navigation technique aérienne

Analyste Humaniste

A - H   J1102 - Médecine généraliste et spécialisée
A - H   J1103 - Médecine dentaire
A - H   J1202 - Pharmacie
A - H   J1303 - Assistance médico-technique
A - H   J1306 - Imagerie médicale

Analyste Exécutif

A - E   K2401 - Recherche en sciences de l'homme et de la société

Analyste Rigoureux

A - R   A1303 - Ingénierie en agriculture et environnement naturel
A - R   K2402 - Recherche en sciences de l'univers, de la matière et du vivant
A - R   M1401 - Conduite d'enquêtes
A - R   J1201 - Biologie médicale
A - R   M1403 - Études et prospectives socio-économiques
A - R   M1801 - Administration de systèmes d'information
A - R   M1802 - Expertise et support en systèmes d'information
A - R   M1806 - Conseil et maîtrise d'ouvrage en systèmes d'information
A - R   M1808 - Information géographique
A - R   M1809 - Information météorologique
A - R   M1810 - Production et exploitation de systèmes d'information
A - R   K1402 - Conseil en Santé Publique

Type C : Créatif

Créatif Pragmatique

C - P   B1804 - Réalisation d'ouvrages d'art en fils
C - P   B1302 - Décoration d'objets d'art et artisanaux
C - P   L1204 - Arts du cirque et arts visuels
C - P   B1301 - Décoration d'espaces de vente et d'exposition
C - P   B1201 - Réalisation d'objets décoratifs et utilitaires en céramique et matériaux de synthèse
C - P   L1501 - Coiffure et maquillage spectacle
C - P   L1502 - Costume et habillage spectacle
C - P   L1503 - Décor et accessoires spectacle

C - P   L1504 - Éclairage spectacle
C - P   L1505 - Image cinématographique et télévisuelle
C - P   L1506 - Machinerie spectacle
C - P   L1507 - Montage audiovisuel et post-production
C - P   L1508 - Prise de son et sonorisation
C - P   B1101 - Création en arts plastiques
C - P   L1201 - Danse
C - P   B1603 - Réalisation d'ouvrages en bijouterie, joaillerie et orfèvrerie
C - P   B1602 - Réalisation d'objets artistiques et fonctionnels en verre
C - P   B1601 - Métallerie d'art
C - P   B1501 - Fabrication et réparation d'instruments de musique
C - P   B1402 - Reliure et restauration de livres et archives
C - P   E1201 - Photographie
C - P   E1205 - Réalisation de contenus multimédias
C - P   B1401 - Réalisation d'objets en lianes, fibres et brins végétaux
C - P   B1303 - Gravure - ciselure
C - P   L1102 - Mannequinat et pose artistique

Créatif Analyste

C - A   E1106 - Journalisme et information média
C - A   L1510 - Films d'animation et effets spéciaux

Créatif Humaniste

C - H   L1101 - Animation musicale et scénique
C - H   L1103 - Présentation de spectacles ou d'émissions
C - H   L1202 - Musique et chant

Créatif Exécutif

C - E   H1204 - Design industriel
C - E   E1104 - Conception de contenus multimédias
C - E   E1105 - Coordination d'édition
C - E   E1108 - Traduction, interprétariat
C - E   L1203 - Art dramatique
C - E   L1301 - Mise en scène de spectacles vivants
C - E   B1805 - Stylisme

Créatif Rigoureux

C - R L1304 - Réalisation cinématographique et audiovisuelle
C - R E1102 - Ecriture d'ouvrages, de livres
C - R K1602 - Gestion de patrimoine culturel

Type H : Humaniste

Humaniste Pragmatique

H - P G1204 - Éducation en activités sportives
H - P K2110 - Formation en conduite de véhicules
H - P J1304 - Aide en puériculture
H - P K1302 - Assistance auprès d'adultes
H - P K1303 - Assistance auprès d'enfants

Humaniste Analyste

H - A K1207 - Intervention socioéducative
H - A K1301 - Accompagnement médicosocial
H - A K2108 - Enseignement supérieur
H - A J1501 - Soins d'hygiène, de confort du patient
H - A K1202 - Éducation de jeunes enfants
H - A K2101 - Conseil en formation
H - A K1104 - Psychologie
H - A J1104 - Suivi de la grossesse et de l'accouchement
H - A K1103 - Développement personnel et bien-être de la personne
H - A K1101 - Accompagnement et médiation familiale
H - A J1406 - Orthophonie
H - A J1405 - Optique - lunetterie
H - A J1404 - Kinésithérapie
H - A J1403 - Ergothérapie
H - A J1402 - Diététique
H - A J1401 - Audioprothèses
H - A J1305 - Conduite de véhicules sanitaires
H - A J1101 - Médecine de prévention
H - A J1407 - Orthoptique
H - A J1505 - Soins infirmiers spécialisés en prévention
H - A J1506 - Soins infirmiers généralistes
H - A J1504 - Soins infirmiers spécialisés en bloc opératoire
H - A J1503 - Soins infirmiers spécialisés en anesthésie

H - A J1412 - Rééducation en psychomotricité
H - A J1409 - Pédicurie et podologie
H - A J1408 - Ostéopathie et chiropraxie
H - A J1507 - Soins infirmiers spécialisés en puériculture

Humaniste Créatif

H - C K2105 - Enseignement artistique
H - C K1206 - Intervention socioculturelle

Humaniste Exécutif

H - E K1801 - Conseil en emploi et insertion socioprofessionnelle
H - E G1202 - Animation d'activités culturelles ou ludiques
H - E K1203 - Encadrement technique en insertion professionnelle
H - E K2111 - Formation professionnelle
H - E K2112 - Orientation scolaire et professionnelle

Humaniste Rigoureux

H - R K2104 - Éducation et surveillance au sein d'établissements d'enseignement
H - R K1102 - Aide aux bénéficiaires d'une mesure de protection juridique
H - R K1305 - Intervention sociale et familiale
H - R K2106 - Enseignement des écoles
H - R K1205 - Information sociale
H - R K1204 - Médiation sociale et facilitation de la vie en société
H - R K1201 - Action sociale
H - R G1101 - Accueil touristique
H - R K2107 - Enseignement général du second degré
H - R G1201 - Accompagnement de voyages, d'activités culturelles ou sportives
H - R G1203 - Animation de loisirs auprès d'enfants ou d'adolescents
H - R K2109 - Enseignement technique et professionnel

Type E : Exécutif

Exécutif Pragmatique

E - P G1601 - Management du personnel de cuisine
E - P F1202 - Direction de chantier du BTP
E - P G1503 - Management du personnel d'étage
E - P G1404 - Management d'établissement de restauration collective
E - P G1403 - Gestion de structure de loisirs ou d'hébergement touristique

E - P   A1406 - Encadrement équipage de la pêche
E - P   H1401 - Management et ingénierie gestion industrielle et logistique
E - P   L1401 - Sportif professionnel
E - P   F1203 - Direction et ingénierie d'exploitation de gisements et de carrières

Exécutif Analyste

E - A   M1702 - Analyse de tendance
E - A   M1201 - Analyse et ingénierie financière
E - A   H1501 - Direction de laboratoire d'analyse industrielle
E - A   M1301 - Direction de grande entreprise ou d'établissement public
E - A   H1302 - Management et ingénierie Hygiène Sécurité Environnement -HSE- industriels
E - A   H1206 - Management et ingénierie études, recherche et développement industriel

Exécutif Créatif

E - C   D1201 - Achat vente d'objets d'art, anciens ou d'occasion
E - C   E1402 - Élaboration de plan média
E - C   L1303 - Promotion d'artistes et de spectacles
E - C   L1302 - Production et administration spectacle, cinéma et audiovisuel

Exécutif Humaniste

E - H   G1802 - Management du service en restauration
E - H   D1403 - Relation commerciale auprès de particuliers
E - H   D1404 - Relation commerciale en vente de véhicules
E - H   J1502 - Coordination de services médicaux ou paramédicaux
E - H   K1403 - Management de structure de santé, sociale ou pénitentiaire
E - H   K1802 - Développement local
E - H   D1408 - Téléconseil et télévente

Exécutif Rigoureux

E - R   M1204 - Contrôle de gestion
E - R   M1102 - Direction des achats
E - R   K1703 - Direction opérationnelle de la défense
E - R   K1405 - Représentation de l'Etat sur le territoire national ou international
E - R   K1404 - Mise en œuvre et pilotage de la politique des pouvoirs publics
E - R   K1401 - Conception et pilotage de la politique des pouvoirs publics
E - R   H1102 - Management et ingénierie d'affaires
E - R   M1704 - Management relation clientèle
E - R   G1402 - Management d'hôtel-restaurant

E - R	M1205	- Direction administrative et financière
E - R	M1302	- Direction de petite ou moyenne entreprise
E - R	N4202	- Direction d'exploitation des transports routiers de personnes
E - R	N4201	- Direction d'exploitation des transports routiers de marchandises
E - R	N2205	- Direction d'escale et exploitation aéroportuaire
E - R	N1302	- Direction de site logistique
E - R	M1803	- Direction des systèmes d'information
E - R	M1707	- Stratégie commerciale
E - R	M1706	- Promotion des ventes
E - R	M1705	- Marketing
E - R	M1703	- Management et gestion de produit
E - R	M1503	- Management des ressources humaines
E - R	M1502	- Développement des ressources humaines
E - R	M1402	- Conseil en organisation et management d'entreprise
E - R	G1302	- Optimisation de produits touristiques
E - R	G1301	- Conception de produits touristiques
E - R	G1102	- Promotion du tourisme local
E - R	D1405	- Conseil en information médicale
E - R	E1107	- Organisation d'évènementiel
E - R	D1406	- Management en force de vente
E - R	D1509	- Management de département en grande distribution
E - R	D1506	- Marchandisage
E - R	D1504	- Direction de magasin de grande distribution
E - R	D1407	- Relation technico-commerciale
E - R	D1503	- Management/gestion de rayon produits non alimentaires
E - R	D1502	- Management/gestion de rayon produits alimentaires
E - R	C1104	- Direction d'exploitation en assurances
E - R	D1301	- Management de magasin de détail
E - R	C1203	- Relation clients banque/finance
E - R	C1204	- Conception et expertise produits bancaires et financiers
E - R	C1206	- Gestion de clientèle bancaire
E - R	C1503	- Management de projet immobilier
E - R	C1501	- Gérance immobilière
E - R	E1401	- Développement et promotion publicitaire
E - R	C1504	- Transaction immobilière
E - R	D1501	- Animation de vente

Type R : Rigoureux

Rigoureux Pragmatique

R - P   N4204 - Intervention technique d'exploitation des transports routiers de personnes
R - P   N4401 - Circulation du réseau ferré
R - P   K2302 - Management et inspection en environnement urbain
R - P   M1603 - Distribution de documents
R - P   K2502 - Management de sécurité privée
R - P   K2503 - Sécurité et surveillance privées
R - P   N4203 - Intervention technique d'exploitation des transports routiers de marchandises
R - P   D1210 - Vente en animalerie
R - P   M1606 - Saisie de données
R - P   F1201 - Conduite de travaux du BTP et de travaux paysagers
R - P   A1301 - Conseil et assistance technique en agriculture
R - P   H1201 - Expertise technique couleur en industrie
R - P   H1101 - Assistance et support technique client
R - P   D1211 - Vente en articles de sport et loisirs
R - P   D1212 - Vente en décoration et équipement du foyer
R - P   D1214 - Vente en habillement et accessoires de la personne
R - P   D1505 - Personnel de caisse
R - P   D1507 - Mise en rayon libre-service
R - P   F1108 - Métré de la construction
R - P   H1207 - Rédaction technique
R - P   H1301 - Inspection de conformité
R - P   H2415 - Contrôle en industrie du cuir et du textile
R - P   I1202 - Entretien et surveillance du tracé routier
R - P   A1302 - Contrôle et diagnostic technique en agriculture
R - P   K1707 - Surveillance municipale
R - P   K1706 - Sécurité publique
R - P   K1505 - Protection des consommateurs et contrôle des échanges commerciaux

Rigoureux Analyste

R - A   K1501 - Application des règles financières publiques
R - A   M1202 - Audit et contrôle comptables et financiers
R - A   C1107 - Indemnisations en assurances
R - A   C1105 - Études actuarielles en assurances
R - A   A1204 - Protection du patrimoine naturel
R - A   N2202 - Contrôle de la navigation aérienne
R - A   C1106 - Expertise risques en assurances

R - A E1101 - Animation de site multimédia
R - A E1305 - Préparation et correction en édition et presse
R - A K1904 – Magistrature

Rigoureux Créatif

R - C L1509 - Régie générale

Rigoureux Humaniste

R - H N4302 - Contrôle des transports en commun
R - H N2201 - Personnel d'escale aéroportuaire
R - H C1109 - Rédaction et gestion en assurances
R - H C1201 - Accueil et services bancaires
R - H D1204 - Location de véhicules ou de matériel de loisirs
R - H C1401 - Gestion en banque et assurance
R - H M1609 - Secrétariat et assistanat médical ou médico-social
R - H M1608 - Secrétariat comptable
R - H K2102 - Coordination pédagogique
R - H K2103 - Direction d'établissement et d'enseignement
R - H K1504 - Contrôle et inspection du Trésor Public
R - H K1503 - Contrôle et inspection des impôts
R - H G1701 - Conciergerie en hôtellerie
R - H M1501 - Assistanat en ressources humaines
R - H M1601 - Accueil et renseignements
R - H M1602 - Opérations administratives
R - H G1303 - Vente de voyages
R - H M1604 - Assistanat de direction
R - H M1605 - Assistanat technique et administratif
R - H G1206 - Personnel technique des jeux
R - H M1607 - Secrétariat
R - H K1903 - Défense et conseil juridique

Rigoureux Exécutif

R - E D1402 - Relation commerciale grands comptes et entreprises
R - E D1401 - Assistanat commercial
R - E N1301 - Conception et organisation de la chaîne logistique
R - E D1213 - Vente en gros de matériel et équipement
R - E N1303 - Intervention technique d'exploitation logistique
R - E N2204 - Préparation des vols
R - E N3201 - Exploitation des opérations portuaires et du transport maritime
R - E D1107 - Vente en gros de produits frais

R - E   M1404 - Management et gestion d'enquêtes
R - E   M1101 - Achats
R - E   D1508 - Encadrement du personnel de caisses
R - E   G1401 - Assistance de direction d'hôtel-restaurant
R - E   G1703 - Réception en hôtellerie
R - E   M1207 - Trésorerie et financement
R - E   F1204 - Qualité Sécurité Environnement et protection santé du BTP
R - E   M1206 - Management de groupe ou de service comptable
R - E   M1701 - Administration des ventes
R - E   M1203 - Comptabilité
R - E   E1103 - Communication
R - E   D1106 - Vente en alimentation
R - E   C1502 - Gestion locative immobilière
R - E   C1108 - Management de groupe et de service en assurances
R - E   K1601 - Gestion de l'information et de la documentation
R - E   N1202 - Gestion des opérations de circulation internationale des marchandises
R - E   K2203 - Management et inspection en propreté de locaux
R - E   C1103 - Courtage en assurances
R - E   C1102 - Conseil clientèle en assurances
R - E   C1101 - Conception - développement produits d'assurances
R - E   K1901 - Aide et médiation judiciaire
R - E   K1902 - Collaboration juridique
R - E   K2602 - Conseil en services funéraires
R - E   C1110 - Souscription d'assurances
R - E   N3202 - Exploitation du transport fluvial
R - E   C1303 - Gestion de portefeuilles sur les marchés financiers
R - E   C1302 - Gestion back et middle-office marchés financiers
R - E   C1301 - Front office marchés financiers
R - E   C1207 - Management en exploitation bancaire
R - E   K1502 - Contrôle et inspection des Affaires Sociales
R - E   C1202 - Analyse de crédits et risques bancaires
R - E   N1201 - Affrètement transport
R - E   C1205 - Conseil en gestion de patrimoine financier